Juan Pablo Duarte
y la independencia dominicana

letra**gráfica**

ORLANDO INOA
Juan Pablo Duarte y la independencia dominicana

ISBN KINDLE 979-8687578103

Portada:
Imagen de Juan Pablo Duarte usada por el Banco Central de la
República Dominicana en el papel moneda de RD$100 basada en
el retrato realizado por Abelardo Rodríguez Urdaneta en el 1892.
istockphoto.com/ID de la fotografía: 846675370.

Contraportada:
Puerta del Conde [Fototeca del Archivo General de la Nación].

Imagen en página 5:
Fototeca del Archivo General de la Nación

Este trabajo fue presentado originalmente en Santo Domingo
en la Escuela de Formación Electoral y del Estado Civil
(EFEC) de la Junta Central Electoral el 26 de enero de 2018
como parte del «Ciclo de paneles sobre el pensamiento socio
político dominicano». Luego, el 25 de febrero de 2020, fue
leído a los estudiantes de Historia dominicana de la Pontificia
Universidad Católica Madre y Maestra, recinto de Santo
Domingo. Se le ha agregado la parte gráfica.

La presente edición es un resumen de la primera parte del
libro de Orlando Inoa *Biografía de Juan Pablo Duarte* (Santo
Domingo, Letragráfica, 2008), donde se pueden consultar las
citas y la bibliografía. A pesar de la participación destacada
de varios miembros de la familia Duarte, en este libro la sola
denominación «Duarte» refiere a Juan Pablo Duarte.

Calle Marginal Primera No. 12, Mirador Norte
(809) 482 4700 • librosletragrafica@gmail.com
Santo Domingo, República Dominicana

SANTO DOMINGO
2020

Orlando Inoa

Juan Pablo Duarte
y la independencia dominicana

letra**gráfica**

Juan Pablo Duarte nació el 26 de enero de 1813 en la ciudad de Santo Domingo en la barriada de Santa Bárbara, lugar donde su familia tenía su residencia y su padre un comercio de marinería. Sus progenitores fueron Juan José Duarte, nacido en Vejer de la Frontera (España), y Manuela Diez, nacida en El Seibo (Santo Domingo), hija de un español y una criolla. Por su ascendencia Juan Pablo tuvo un linaje español, lo que puede atestiguarse por su fisonomía descrita por muchos de sus amigos. Para iniciar su escolaridad fue enviado a la escuela particular del profesor Manuel Aybar y, más tarde, a la casa de Manuel María Valverde, un médico amigo de la familia, quien sacando tiempo a las atenciones de sus pacientes decidió educar a sus hijos y tomar algunos alumnos extras.

El año 1822 trajo dos acontecimientos importantes en la vida de Juan Pablo. En febrero se produjo la unificación de la isla bajo la denominación de República de Haití cuando el presidente de ese país Jean Pierre Boyer, tras astutas manipulaciones políticas, puso fin a una mediatizada independencia de la colonia española de Santo

Ocupación haitiana de 1822

El 9 de febrero de 1822 el presidente haitiano Jean Pierre Boyer ocupó la parte este de la isla de Santo Domingo y la unificó con la República de Haití. Desde ese momento los antiguos habitantes de la colonia española de Santo Domingo pasaron a ser ciudadanos haitianos. En ese entonces Juan Pablo Duarte tenía 9 años de edad. [Imagen: Museo de Cera Juan Pablo Duarte, Santo Domingo].

Domingo que se había iniciado casi dos meses antes. Aunque Boyer fue recibido sin resistencia por la población de *la partie de l'est* (*la parte este*, como entonces llamaban los haitianos a la parte española de la isla), no todos estaban a gusto con este giro político y Juan José Duarte, el padre de Juan Pablo, era uno de ellos. Refiere el historiador José Gabriel García que este fue el único comerciante español que se negó a firmar un pliego complaciente a Boyer que los miem-

Vicente Celestino Duarte

Hermano mayor de Juan Pablo. Ha sido un patriota olvidado. Estuvo activo junto a Francisco del Rosario Sánchez en los preparativos independentistas que culminaron con la proclama del 27 de febrero de 1844. Participó, junto a su hijo Enrique, en la Puerta del Conde al momento del nacimiento de la patria. Salió al exilio junto a los demás trinitarios expulsados por Santana recién creada la república. Fue soldado de la Restauración. Se desconoce lugar y fecha de nacimiento y muerte. [Fototeca del Instituto Duartiano].

bros de esa comunidad redactaron al producirse la ocupación. El otro acontecimiento de importancia se produjo en el seno de su familia cuando su hermano Vicente Celestino (quien le aventajaba once años) se casó con María Trinidad Villeta-Ponce de León. Esto fue importante en la vida de Juan Pablo, pues al salir Vicente Celestino de la casa pasó a ser el mayor de la familia, a pesar de tener 9 años.

Duarte viaja a Europa

Con 16 años, Juan Pablo empezó a conocer mundos. [Dibujo de Gonzalo Briones para Pedro Troncoso Sánchez, *Episodios Duartianos*].

En el 1829, contando Juan Pablo con 16 años, viajó fuera de Santo Domingo. Su padre «porque convenía a sus intereses y por darle gusto» aceptó que se embarcara con un amigo (Pablo Pujol), quien quería mucho a Juan Pablo, confiado en que lo cuidaría como a uno de sus hijos. La primera escala de ese viaje fue en los Estados Unidos, pasando luego a Inglaterra, Francia y España, quedándose en Barcelona bajo el amparo de «parientes cercanos y valiosas relaciones de familia». Existe más de una explicación sobre el motivo del viaje. Félix María Ruiz, contemporáneo

de Duarte y criado en el mismo vecindario, afirma que esto fue para disciplinarlo. Dice Ruiz que «nuestros primeros devaneos con las chicas del barrio alarmaron a nuestros padres y temieron algún mal suceso. De común acuerdo, don Juan José Duarte envió a Juan Pablo a Europa y mi padre a mí a una de sus haciendas. Nuestra ausencia de Santo Domingo produjo el efecto deseado por nuestros padres».

Lo que Duarte hizo durante su estadía fuera de Santo Domingo no se conoce, como tampoco se conoce el tiempo que permaneció en cada ciudad que visitó. Varios historiadores insinúan que realizó algunos estudios, pero no existe una constancia documental que avale tal afirmación. A su vuelta tampoco continuó su formación académica debido a que el único centro de educación superior en la isla, la Universidad de Santo Tomás de Aquino, en Santo Domingo, había sido cerrada en el 1823. Se tienen noticias de que Duarte tuvo alta preocupación por su formación intelectual y gran amor por los libros.

La primera referencia documentada del retorno de Juan Pablo después de su viaje a Europa es del 30 de noviembre de 1831 cuando, con 18 años, acompañó a Francisco Villeta, hermano de la esposa de Vicente Celestino, y actuó como testigo en la declaración del nacimiento de un hijo de este. En algún momento del 1833 Duarte ingresó a la masonería y al año siguiente cumplió con el compromiso de la conscripción militar que el Gobierno haitiano exigía a todo ciudadano mayor de edad. Por el resto de su vida Duarte llevó con orgullo la carrera militar así iniciada y algu-

Duarte militar

En 1833, con 20 años, Duarte se inscribió en la milicia haitiana iniciando así su carrera militar. [Dibujo de Gonzalo Briones para Pedro Troncoso Sánchez, *Episodios Duartianos*].

Firma de Juan Pablo Duarte

Juan Pablo Duarte firmaba con el grado de general del ejército dominicano. En la firma presentada más arriba se distinguen los tres puntos usados por los masones. Esta firma puede ser constatada en la carta de Juan Pablo Duarte cuyo original se encuentra en el archivo de Adriana Ravelo Vda. Pérez, esposa que fue de Federico Pérez, destinatario de la carta. La misma fue reproducida en *La Opinión*, núm. 160, 27 de febrero de 1926, bajo el título «Un autógrafo del Padre de la Patria». Copia en el archivo de Orlando Inoa.

nos pasajes de su vida así lo atestiguan: Duarte anteponía a su firma el título de general; cuando el 24 de agosto de 1873 se presentó en Caracas ante un oficial civil a declarar la muerte de su sobrina María Ignacia, después de varias preguntas se le pidió que declarara su profesión y no vaciló en responder que era militar. En las correspondencias y documentos escritos por su hermana Rosa siempre lo llama «el general Duarte». Del inventario de los pocos libros que se tienen certeza de que le pertenecieron, dos de ellos tratan temas militares.

Ideales revolucionarios

A finales de 1834 empezaron a aparecer en la ciudad de Santo Domingo unos panfletos manuscritos en contra de la ocupación haitiana firmados por El Dominicano Español. Nadie sabía quién (o quienes) los escribían ya que eran repartidos furtivamente por las noches. Un domingo en que José María Serra, entonces un joven de 15 años, estaba en su casa llegó de visita su amigo Juan Pablo Duarte, quien tenía 21 años. Al rato, y para sorpresa del visitante, José María le mostró lo que escribía resultando ser los panfletos clandestinos que ya todos conocían en la ciudad. Juan Pablo apoyó esa actividad a la que prestó colaboración desde ese mismo momento. Esa noche salieron bajo lluvia a repartir lo escrito que, al ser dos los amanuenses, «eran más numerosos y nutridos». Por más de tres años estuvieron ambos en esta actividad.

A pesar de que estos escritos eran populares, pues algunos fueron copiados y llevados a San Cristóbal, Baní y Azua a mediados de 1838, Duarte le comunicó a Serra que lo que estaban haciendo no era fructífero y debían de suspenderlo diciendo que «en vez de continuar excitando al pueblo como hasta aquí, es menester formar una sociedad secreta revolucionaria». Agregó que ya todo lo tenía pensado. El lunes 16 de julio de 1838, a las once de la mañana, se fundó la Trinitaria en la casa de Josefa Pérez de la Paz (Chepita), madre de Juan Isidro Pérez, uno de los participantes. De esa reunión no quedó constancia escrita, pues no se levantó acta ni tampoco se escribió relatoría de la misma. Esta sociedad fue creada siguiendo muchos de los ritos masones que les eran conocidos a Duarte, entre ellos

José María Serra

Miembro fundador de la Trinitaria cuya militancia a la causa de la independencia no tiene, como en tantos, dice Rufino Martínez, «anverso y reverso». Periodista, profesión que ejerció en *El Dominicano*, periódico al servicio de la nueva república. La independencia no había transcurrido cinco años cuando salió al exilio, a Puerto Rico, donde se estableció como periodista y profesor para no volver jamás al país que ayudó a su independencia. Nos legó una historia de la Trinitaria con el nombre de *Apuntes*. [Fototeca del Archivo General de la Nación].

Casa donde se fundó la Trinitaria

Lugar en el que se fundó la sociedad la Trinitaria. «Humilde casa modestísima, ubicada en el solar de la número 51 de la calle que hoy se nombra Arzobispo Nouel, entonces Del Arquillo» (Máximo Coiscou Henríquez, «Tres casas y dos lápidas conmemorativas», *La Nación*, 8 de marzo de 1945, p. 5). [Fototeca del Archivo General de la Nación].

los toques de comunicación con mensajes cifrados. Otros tres miembros fundadores: Félix María Ruiz, Felipe Alfau y Juan Nepomuceno Ravelo también pertenecieron a la masonería. Fue responsabilidad de cada uno de ellos buscar otros adeptos y Duarte conquistó a Félix María Delmonte. En los primeros días la organización fue creciendo, aunque su radio de acción se circunscribió a la capital.

La irresolución de uno de los trinitarios, Felipe Alfau, hizo que esa organización se disolviera a

Fundación de la Trinitaria

[Óleo de Radhamés Mejía localizado en el Instituto Duartiano]

poco de fundada sin tiempo para realizar tareas importantes y sin constancia de haberse reunido de nuevo. Se tiene entendido que la labor de la Trinitaria fue más simbólica que real. El historiador José Gabriel García dice que «la prudencia aconsejó disolver la Sociedad». De los remanentes de esta organización surgió una más pública, dedicada a actividades culturales y recreativas, quedando la Trinitaria recesada. La nueva sociedad llamada la Filantrópica se constituyó en el 1840 en la casa de Pedro Alejandrino Pina, donde se realizaban las sesiones de trabajo. Juan Pablo Duarte pasó a ser su tesorero y hay constancia de que estuvo muy a gusto con ella llegando a valorizarla más que a la Trinitaria («Nosotros los individuos de la sociedad la Filantrópica», le escribió a Félix María Delmonte el 2 de mayo de 1865). Dentro de esta organización se creó un acápite llamado la Dramática con el interés de fomentar el teatro aficionado, poniendo empeño en presentar obras que tuviesen contenidos acordes

Presentación de teatro en Santo Domingo

Anuncio publicitario de la obra de teatro *Roma Libre*. Los beneficios de esta presentación estaban destinados a Cecilia Baranis, primera actriz de ese teatro. El cartel publicitario comenzaba diciendo: «Ilustres conciudadanos; a vosotros para quienes la libertad de la patria es el objeto mas caro de vuestros fervientes votos, no puede una servidora vuestra, ofreceros homenaje mas grato en el día de su beneficio, que presentaros en la escena a la libertad triunfante del despotismo y anarquía por la firmeza y unión de los impertérritos romanos». El cartel también indicaba los precios de entrada: «Entrada general arriba, cuatro reales; abajo tres». [Copia en el archivo de Vetilio Alfau Durán].

Duarte como apuntador

Obra de teatro auspiciada por la sociedad la Dramática en la que Juan Pablo Duarte ejercía de apuntador. Dibujo basado en el óleo de Pedro García de Villena, cuyo original se encuentra en el Instituto Duartiano. [Dibujo de Juan José Alloza en el libro de Emilio Rodríguez Demorizi, *Juan Isidro Pérez, el ilustre loco*, segunda edición: Ciudad Trujillo, Editora Montalvo, 1944].

con sus propósitos libertarios y que concitaban a la audiencia contra el absolutismo de Boyer. Dice el historiador Emilio Rodríguez Demorizi que «de las tres sociedades genésicas de la República fundadas por Duarte: la Trinitaria, la Filantrópica y la Dramática, hay escasas noticias».

Venezuela en el horizonte de Duarte

En el 1841 Duarte viajó a Venezuela en gestiones de comercio (ha de suponerse que del negocio de ferretería de su padre, ya que no tenía negocio propio). Al año siguiente estaba de vuelta a ese país pues el 29 de agosto de 1842 se registró en el puerto de La Guaira que la goleta holandesa *De Hoop* traía de Santo Domingo a los pasajeros Juan Pablo Duarte y su amigo haitiano Alcius Ponthieux. El tiempo que estos dos viajeros permanecieron en Venezuela se desconoce. Una revisión pormenorizada de los periódicos *El Ve-*

Manuel Duarte

Hermano menor de Juan Pablo. Acompañó a su madre, hermanas y sobrinos al exilio en Venezuela en el 1845. Desde entonces perdió la cordura, la que recobró momentáneamente en el 1884 cuando se negó a retornar al país a traer los restos de su hermano Juan Pablo, alegando el maltrato recibido por el patricio durante sus afanes independentistas. Fue el último de la familia Duarte-Diez en morir, lo que ocurrió en Caracas el 8 de agosto de 1890. [Fototeca del Instituto Duartiano].

nezolano y *El Liberal*, que registraban la entrada y salida de pasajeros por el puerto de La Guaira, no tiene noticia al respecto. Lo que sí aparece registrado en uno de estos dos periódicos es que cuatro meses y medio después, el 11 de enero de 1843, Juan Pablo y su hermano Manuel (entonces con 16 años de edad) se encontraban como pasajeros en la goleta *De Wolf* que zarpaba de Venezuela con destino a Santo Domingo vía Saint Thomas. Esto último nos hace pensar dos cosas: o que Duarte viajó por tercera vez a Venezuela (esta vez acompañado de Manuel) o que en su segundo viaje no retornó con su amigo haitiano y sí lo hizo con su hermano, aunque no hay constancia documental de cómo, cuándo y para qué llegó este último a Venezuela. Siete meses después, en agosto del 1843, Duarte estará de vuelta en Venezuela, en su tercer (o cuarto) viaje, pero esta vez como exiliado político.

DUARTE Y LA REFORMA

A finales del 1842 se inició en Haití un movimiento revolucionario contra el presidente Boyer llamado la Reforma que fue observado de cerca en Santo Domingo, especialmente por Duarte y sus compañeros quienes de inmediato se declararon sus aliados. El historiador Emilio Rodríguez Demorizi califica esta estrategia como «una de las más acertadas y decisivas actuaciones políticas de Duarte». En diciembre de ese año Juan Nepomuceno Ravelo, uno de los fundadores de la Trinitaria, fue designado por Duarte para que se dirigiera a la ciudad de Les Cayes, en Haití, a entenderse con los revolucionarios haitianos sobre el modo en que actuaría la parte española cuando se produjera la insurrección. Ravelo no tuvo éxito en su misión «ya sea por falta de oportunidad o de decisión» y, en su lugar, se envió, a finales de enero de 1843, a Ramón Matías Mella quien al decir del historiador Pedro Troncoso Sánchez hablaba creol y tenía buena amistad con los haitianos, incluyendo al general Gerónimo Maximiliano Borgellá, antiguo comandante de la parte española de la isla y hermanado con muchos dominicanos a través de la logia Constante Unión de la que era miembro, situación de la que sacó provecho el enviado Mella. Este se hospedó en la casa de Borgellá llevando a buen término su encomienda secreta, aunque su estancia en Haití fue breve «pues partió de inmediato». Esto último hizo que su misión no fuera del todo completa pues falló al no identificar y contactar a Charles Hérard (Rivière), el comandante de la artillería del ejército haitiano, quien no le reconoció el 12 de julio de 1843 cuando se dirigía hacia Santo Domingo, según se concluye de lo que escribió en un informe de ese viaje: «Hice arrestar a un señor llamado Mella».

Juan Nepomuceno Ravelo

Miembro fundador de la Trinitaria y entusiasta colaborador de Juan Pablo Duarte. Denodado activista en los aprestos independentistas, pero de corto alcance. Fue anexionista, abandonando el país con las derrotadas tropas españolas pasando a residir en Cuba. [Fototeca del Archivo General de la Nación].

Volviendo a Haití a los primeros días del 1843 vemos que la escalada final contra el presidente Boyer estalló el 27 de enero y este abandonó el mando a mediados de marzo, dejando el camino libre a los reformistas. La noticia del triunfo de la Reforma llegó a Santo Domingo una semana después produciendo gran alborozo entre sus partidarios. El gobernador haitiano general Alexis Carrié trató de conservar el poder por lo que un grupo de dominicanos, entre ellos Duarte y varios de los trinitarios, sumado a otro grupo de haitianos —encabezados por Henri Etienne Desgrotte, designado jefe de la revolución en la parte española— se dirigieron armados, el 24 de marzo, a la casa del gobernador Carrié con la intención de deponerlo del mando. En la Plaza de la Catedral fueron interceptados por tropas leales al gobernador, quienes de inmediato abrieron fuego contra la multitud produciéndose una gran trifulca, en lo que vendría a ser el bautismo de fuego de los trinitarios. En la desbandada, que se produjo tras el tiroteo, Duarte y algunos de sus amigos, entre los que se incluían a varios haitianos, se escondieron en la casa de su tío José Acupertino Diez permaneciendo en ese lugar hasta la madrugada cuando saltaron la muralla de la ciudad y se unieron a los demás participantes que, dirigidos por Desgrotte, se replegaban hacia San Cristóbal, donde fueron a refugiarse.

Los insurrectos tomaron con facilidad esta ciudad contando con la ayuda de su comandante el coronel de la Guardia haitiana Esteban Roca, quien hizo causa con ellos, así como también lograron la pronta adhesión de Baní y Azua, ciudades que aportaron más simpatizantes al levantamiento que se proponía sustituir a los seguidores del depuesto presidente Boyer.

El general Alexis Carrié viendo inútil la resistencia se embarcó con su familia para Curazao dejando el poder a un consejo de notables que el 26 de marzo se apresuró a abrir las puertas de la ciudad a los reformistas, por las que el 29 entraron triunfantes Desgrotte y tres mil hombres que le seguían, incluyendo a Duarte. Desgrotte se colocó al frente de la gobernación de Santo Domingo con el rango de jefe militar del depar-

Gerónimo Maximiliano Borgellá

General del ejército haitiano forjado en las luchas de independencia contra Francia. Hombre de confianza del presidente Petión y, por extensión, más tarde, de Boyer. Cuando se produjo la ocupación haitiana de Santo Domingo se le encomendó la antigua parte española. Desde el inicio de la ocupación confraternizó con muchos dominicanos tanto a través de la logia como por vía del compadrazgo. Estuvo al frente de la cosa pública en Santo Domingo hasta septiembre de 1831 cuando pasó a otras funciones en la parte oeste. Nacido en Puerto Príncipe el 5 de junio de 1773, murió allí el 30 de marzo de 1844. [Imagen en Beaubrun Ardouin, *Études sur l'histoire d'Haïti, suivies de la vie du général Borgella*. Paris, Dezobry et E. Magdeleine, Libraire-Éditeurs, 1855, tomo 1].

tamento del Ozama y de inmediato nombró una junta popular compuesta por los haitianos Alcius Ponthieux y Jean Baptiste Morin y los dominicanos Manuel Jimenes, Pedro Alejandrino Pina y Juan Pablo Duarte, teniendo como secretario a Ramón Matías Mella.

La recién nombrada junta popular inició sus actividades el 5 de abril de 1843 cuando su presidente, Ponthieux, refrendado por el secretario Mella, expidió una orden de ruta a Duarte con la finalidad de «formar e instalar juntas populares en las comunes que la necesidad lo exija». La primera de estas juntas la dejó Duarte instalada en Bayaguana, la que juramentó de forma debida el 25 de abril. De Bayaguana se trasladó a El Seibo con igual finalidad. En esa ciudad hizo diligencias para reunirse con los mellizos Pedro y Ramón Santana, de 43 años (entonces Duarte contaba con 30). En esa oportunidad Duarte conoció y trató a Ramón, no así a Pedro quien se encontraba ausente del pueblo. Hasta ese momento los mellizos Santana eran unos desconocidos en la vida política dominicana y de su familia solo se sabía que su padre, llamado Pedro Santana, fue la persona que cercenó la cabeza de Jean Louis Ferrand cuando este se dio un pistoletazo decepcionado por la derrota de Palo Hincado en noviembre de 1808.

El 15 de junio de 1843 se celebraron elecciones para designar a los representantes de *la partie de l'est* que iban a formar parte de la Asamblea Constituyente que en Port-au-Prince se proponía reformar la Constitución haitiana, según lo había determinado el Gobierno provisional. En Santo Domingo la actuación de los separatistas en esas elecciones fue provechosa para sus propósitos. Mientras tanto en Haití la situación política se transformaba aceleradamente a favor de la Reforma, vislumbrándose Rivière, quien para ese momento era miembro del Gobierno provisional con el rango militar de general de división, como el líder del movimiento. Debido a que las nuevas autoridades haitianas estaban al tanto de las actividades de la Junta Revolucionaria de Santo Domingo y del propósito de algunos de sus miembros dominicanos de separarse de Haití se decidió enviar un contingente militar a *la partie de l'est* «para establecer la autoridad del Gobierno provisional». Esta misión le fue encomendada a Rivière. La noticia fue recibida en la parte española de la isla con escepticismo porque todos sabían que el verdadero propósito del proyectado viaje era el de aplastar cualquier indicio de rebeldía e independencia surgido entre los dominicanos.

Charles Hérard (Rivière) en Santo Domingo

Rivière y su tropa salieron de Port-au-Prince a finales de junio de 1843 y ya a principios de julio estaban de paso por el Cibao donde se redujo a prisión a Ramón Matías Mella y a decenas de otros sospechosos de participar de la idea separatista, los que fueron enviados prisioneros a Haití. El 10 de julio llegó a Santo Domingo la noticia de que Rivière se acercaba a la ciudad al frente de un ejército de 12,000 hombres, cantidad que igualaba el tamaño de la población de la capital. Al día siguiente de saberse esta mala nueva Duarte se ocultó en el almacén de José Ginebra en la Atarazana, bastante cerca del negocio de su padre y de su casa. Observa Rosa Duarte en los *Apuntes* que «en ese funesto instante principió el martirio de Duarte que concluyó a los 33 años y tres días, a las tres de la mañana del 15 de julio de 1876 que pasó a mejor vida».

El 12, como se esperaba, a las once de la mañana, entró Rivière a Santo Domingo al frente de
su tropa. Al tomar posesión desconoció la junta
popular y de inmediato procedió «a castigar a los
facciosos», según hace constar en el informe que
escribió sobre el viaje. Al otro día se le cantó un
tedeum en la iglesia de Regina y de inmediato inició una tenaz persecución contra Duarte quien,
según un documento de inteligencia del Gobierno
británico, «había sido señalado como jefe de una
conspiración para separar la parte española de
la República haitiana». Para intimidar y como
medida precautoria, se dispuso que uno de
los batallones haitianos re-
cién llegados a la ca-
pital acampara

enfrente de la casa de Duarte. Al segundo día de estar Duarte escondido varios dominicanos que le adversaban le hicieron saber a José Ginebra, quien lo albergaba, que «si no le negaba el asilo iba a ser envuelto en su ruina», conversación que oyó Duarte y, a pesar de la solidaridad de su anfitrión, optó por cambiar de refugio pasando a las dos de la madrugada a la casa de la madre de Juan Alejandro Acosta, en la zona extra muro. Las autoridades haitianas intensificaron la persecución contra todos los que tenían ideas separatistas, particularmente de Duarte, por quien daban al que lo delatara una recompensa de un empleo y 200 pesos.

A las tres de la tarde del 13 de julio se presentó el cura José Antonio Bonilla donde el padre de Duarte a pedir que le aconsejara entregarse porque ocultándose se hacía más sospechoso, a lo que contestó Juan José Duarte que su hijo era mayor de edad y por lo tanto libre en sus acciones. A las siete de la noche Francisco del Rosario Sánchez llegó a la casa de Duarte procedente de Los Llanos donde se encontraba

---

Charles Hérard (Rivère) visita Santo Domingo

En junio de 1843 Rivère, al frente de un ejército de 12,000 hombres, salió de Port-au-Prince hacia Santo Domingo al enterarse de los aprestos separatistas de los dominicanos. [Dibujo de Gonzalo Briones para Pedro Troncoso Sánchez, *Episodios Duartianos*].

en actividades revolucionarias y se enteró de la persecución que eran víctimas tanto él como sus compañeros. Junto al padre de Duarte, Sánchez ideó encontrar otro lugar más seguro para Pina, Pérez, Duarte y para él mismo, por lo que acordó con Juan José que fuera a buscar a su hijo Juan Pablo a las diez de la noche con la finalidad de juntarse en la Plaza del Carmen y de inmediato poner en ejecución lo planeado. Antes de la hora convenida, Juan José saltó la muralla y acudió al refugio de Juan Pablo para comunicarle lo tratado con Sánchez y pedir que le acompañara al sitio previamente acordado, saliendo los dos de inmediato a cumplir la misión. Terminada la reunión, y finalizada esa parte del plan, Juan José se marchó, pero antes, al despedirse, bendijo a su hijo prófugo y —como anotó Juan Pablo Duarte en los *Apuntes*— al dar su padre la espalda no lo volvió a ver nunca más en su vida.

Duarte, Sánchez y Pina pasaron de la Plaza del Carmen a la casa de Sánchez donde decidieron esconderse por separado para hacer más difícil su captura. Fruto de esa nueva estrategia Duarte pasó a la casa de Luciano Peña, padre de Balbina y futuro suegro de Sánchez, la que abandonó al otro día para juntarse todos de nuevo otra vez con Sánchez. En la noche Duarte y Pina salieron a refugiase donde Dolores Puello, permaneciendo hasta el 14, cuando pasaron a la casa de Manuel Hernández. Ese día tres oficiales haitianos fueron a solicitar a Duarte donde sus padres. Por la noche llegó Juan Isidro Pérez al lugar en que estaban Duarte y Pina y los tres permanecieron ocultos hasta el 16, cuando los enemigos supieron de su paradero, lo que motivó a que salieran de su escondite esa misma noche. Duarte y Pérez se refugiaron transitoriamente donde Jaime Yepes, famoso porque de un tiro certero mató al coronel Charles Cousin en la poblada que se produjo cuando la Reforma (cuatro meses atrás), para luego pasar el prime-

Apuntes de Rosa Duarte

El historiador Emilio Rodríguez Demorizi, siguiendo a Emiliano Tejera, dice que Rosa Duarte escribió estos apuntes, a los que Emilio llama «el Nuevo Testamento de nuestra historia», basándose en alguna autobiografía que preparaba Juan Pablo Duarte, así como del archivo personal del patricio, por lo que en algún momento este diario se presenta como el de Juan Pablo Duarte y en otro como el de Rosa Duarte [indistintamente le llamamos, según la cita, con cualquiera de estos dos nombres]. A raíz del traslado de los restos de Duarte desde Caracas, en el 1884, Rosa prestó estos apuntes al Dr. Ponce de León, de cuyas manos pasaron a la custodia de Federico Henríquez y Carvajal y, luego, a las del historiador nacional José Gabriel García. En este archivo reposaron hasta el 1944 cuando fueron publicados íntegros en *Clío* (núms. 62-64, enero-junio, 1944, pp. 5-58). En el 1970 el Instituto Duartiano los reeditó junto al archivo y los versos de Duarte.

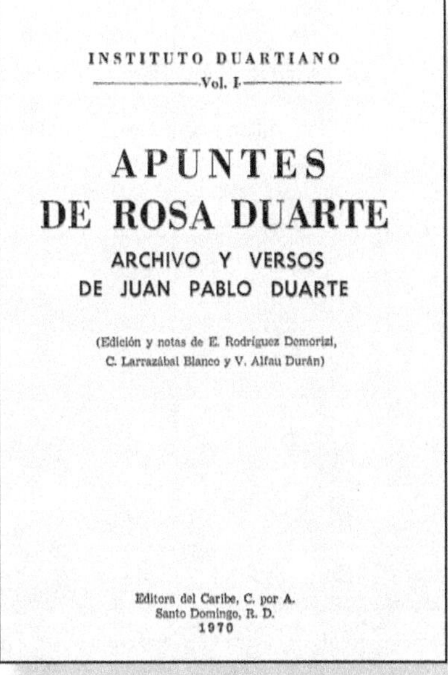

ro a la casa de Eusebio Puello permaneciendo escondido por varios días. En ese momento los enemigos de Duarte perdieron su rastro. Una noche se presentó la señora Dolores Sterling al escondite de Duarte y le hizo la insólita confesión de que su esposo, Carlos Martel, lo estaba vigilando desde el frente de donde estaba y que iba a proceder a su arresto de un momento a otro. Su generosidad fue extrema, pues cogió un corcho y haciendo trazos transfiguró el rostro de Duarte pudiendo este salir del escondite sin ser notado. La guardia que le vigilaba, al verse embaucada, se retiró a la Fortaleza sin poder cumplir la misión.

Santo Domingo hacia 1843

La ciudad de Santo Domingo en los alrededores de la atarazana del puerto como lucía al momento en que Juan Pablo Duarte la recorría prófugo del ejército haitiano comandado por Rivière. [Madrid, *El Museo Universal*, 1861, p. 133].

El día 24 intensificaron la búsqueda de Duarte. Allanaron su casa paterna, la de su tío José Acupertino Diez y el almacén de su padre, en todos los casos usando un amplio contingente de soldados. Duarte presenció el despliegue militar desde el lugar donde estaba oculto localizado al frente de la vivienda de sus padres. Los allanamientos los dirigió el oficial de la guardia haitiana Hipólite Tranquille, hermano masón de Duarte por ser miembro de la logia Constante Unión número 8. Un soldado subalterno declaró que había visto a Duarte en un lugar próximo, por lo que solicitó que procedieran a arrestarlo. Contrario a lo sugerido Hipólite decidió hacer preso al militar por su insistencia en la denuncia. Indudablemente la decisión de no apresar a Duarte fue un gesto de solidaridad de un hermano masón. Duarte abandonó de inmediato su escondite y atravesando corrales y saltando patios llegó donde Teodoro Ariza. En la noche Juan Alejandro Acosta trasladó a Duarte a la casa de José Botello, situada en la calle El Conde, donde se reunió con Pina, quien por su cuenta cambiaba de lugar constantemente. Allí se enteró Duarte a través de un enemigo arrepentido que por su captura ya se ofrecían tres mil pesos y el grado de coronel. El 30, a las ocho de la noche, se entrevistó Duarte con el coronel Esteban Roca a quien había mandado a buscar para que gestionara una embarcación que le permitiera salir al extranjero. Esa misma noche, a las diez, con la ayuda de Juan Alejandro Acosta y Tomás de la Concha, bajo una lluvia pertinaz, Duarte y Pina saltaron la muralla de la ciudad, bajaron a la playa y tomaron un bote para llegar a la margen oriental del río Ozama, en Pajarito, procediendo a esconderse donde Pedro Cote. Allí estuvieron hasta la noche del 2 de agosto cuando pasaron de nuevo al Ozama y subieron a un bote que les esperaba. Para sorpresa, este tenía como pasajero a Juan Isidro Pérez acompañado

Duarte sale al exilio

Junto a Pedro Alejandrino Pina y Juan Isidro Pérez, Duarte abordó una embarcación que lo llevó al exilio a Venezuela. [Dibujo de Gonzalo Briones para Pedro Troncoso Sánchez, *Episodios Duartianos*].

de Francisco Martínez de León, quien franqueaba su salida. A Pérez no lo veía Duarte desde que estuvieron escondidos donde Jaime Yepes, hacía de eso más de dos semanas. Apresurados se trasladaron al antepuerto como estaba convenido con Juan Evertsz, encargado administrativo del puerto de Santo Domingo. En el estuario que se forma cuando el Ozama toca el mar Caribe, a las diez de la noche, abordaron la embarcación que los llevaría al extranjero embargados de la pena de dejar atrás a su compañero Francisco del Rosario Sánchez, a quien creían al borde de la tumba. En ese momento Duarte había completado un peregrinar oculto en la ciudad que le consumió 22 días y más de una docena de escondites.

Muchos años después de ocurridos estos acontecimientos la valoración de los mismos dará lugar a múltiples interpretaciones negativas sobre el papel de Duarte en la independencia dominicana. Pedro Santana en su proclama contra Duarte del 28 de junio de 1844 lo acusó de «haberse fugado del país a la entrada del general Rivière en esta capital, dejando a sus amigos y compañeros en el mayor peligro a causa de su imprudencia». Entre quienes criticaron el ocultamiento y posterior fuga de Duarte el más incisivo de todos fue Alejandro Angulo Guridi, quien en una carta del 1896 al historiador José Gabriel García dijo que se había formado la sólida convicción de que, si bien Duarte era un patriota sincero y un hombre honrado, no tenía ni pizca de valor bélico ni personal. Después de ese juicio tan despiadado agregó: «No creo que Duarte hubiera ejecutado la hazaña de Sánchez en la Puerta del Conde, ni la de su entrada en El Cercado». Por su lado, sumándose a esta cadena de diatribas, Américo Lugo dijo que Duarte «falto del heroísmo necesario, ante la persecución y la inminencia del peligro las cuerdas de su virilidad se aflojaron y rompieron».

Varios escritores reconocidos como duartianos fervorosos les salieron al frente a estos detractores, especialmente a Lugo. Joaquín Balaguer lo acusó de ser el iniciador de la campaña desatada contra Duarte alegando que sus opiniones están revestidas de una solidez engañosa que no resisten el menor análisis. Vetilio Alfau Durán cuestionó también a Lugo en un trabajo que publicó en el 1968 titulado «Las virtudes viriles de Duarte» en que él lo acusa de estar desinformado porque su dedicación al estudio de la historia lo inició muy tarde y que sobre Duarte tuvo la inadvertencia de acoger sin examen infundadas tradiciones interesadamente mantenidas en su contra. Como ejemplo contrario Alfau Durán señaló distintos episodios en la vida de Duarte en los que se manejó con valentía y arrojo.

EL PRIMER EXILIO DE DUARTE

Duarte y sus compañeros llegaron a la isla de Vieques después de siete días de navegación de cabotaje por las costas sur dominicana y norte de Puerto Rico. Al otro día estaban camino a Saint Thomas donde arribaron esa misma tarde para tomar una goleta venezolana que los llevó a La Guaira, el puerto más importante de Venezuela, donde estaban el 23 de agosto de 1843. Entonces partieron hacia Caracas, a treinta kilómetros al sur, hospedándose los tres en la casa de José Prudencio Diez, tío de Duarte. En las tres semanas que permanecieron juntos en esa ciudad aprovecharon el tiempo para que Duarte y Pina aprendieran esgrima, deporte que les fue enseñado por Mariano Diez, también tío de Duarte. En esa estadía Duarte depuso la oportunidad que les brindaron dos amigos de diligenciar ante la Universidad de Caracas su ingreso para optar por el

Duarte aprende esgrima

En su primer exilio en Venezuela en el 1843 Duarte se hospedó en la casa de su tío José Prudencio Diez y, Mariano Diez, otro tío suyo, le enseñó esgrima. Juan Isidro Pérez, quien también estuvo junto a Duarte, era considerado una de las primeras espadas de Santo Domingo (véase: Emilio Rodríguez Demorizi, *Juan Isidro Pérez. El ilustre loco*). [Dibujo de Gonzalo Briones para Pedro Troncoso Sánchez, *Episodios Duartianos*].

doctorado en derecho. Privilegió la opción de regresar por lo que se dispuso a buscar ayuda para la causa dominicana. El 10 de septiembre los tres exiliados se reunieron con varios dominicanos residentes en Caracas y se decidió que Pérez y Pina pasaran a Curazao para estar más en contacto con Santo Domingo, lo que hicieron el 13. Duarte, por su parte, aprovechó las relaciones de la conciudadana María Ruiz y tramitó una entrevista con el presidente de Venezuela Carlos Soublette con la intención de solicitar recursos y pertrechos bélicos para retornar a Santo Domingo. El presidente lo recibió con cortesía y afabilidad, elogió los dignos propósitos del visitante y ofreció la colaboración de todo lo que estuviera a su alcance, que al decir de Duarte en los *Apuntes* fue «un ofrecimiento que no pasó de palabras».

Apenas habían llegado Pina y Pérez a Curazao cuando se juntaron con las hermanas Lavastida, quienes pasaron por allí en camino hacia La Habana. Traían de Santo Domingo noticias y cartas de familiares de los exiliados. Otras informaciones llegaron a finales de noviembre de manos de Buenaventura Freites, un venezolano amigo de los trinitarios quien hizo escala en Curazao en ruta hacia Caracas trayendo dos cartas para Duarte. Haciendo uso de la amistad, «validos de la confianza que mutuamente nos hemos dispensado» —escribió Pina—, y con la seguridad de que entre esas correspondencias podía venir alguna nota para ellos, tanto Pina como Pérez pidieron al emisario que abrieron las cartas de las que era portador. Una de ellas, fechada el 15 de noviembre de 1843, estaba firmada conjuntamente por Francisco del Rosario Sánchez, a quien todos, hasta ese momento, creían muerto, y Vicente Celestino Duarte, amigo y hermano respectivamente de Duarte. En ella imploraban que les «proporcionen auxilio para el triunfo de la causa así sea a costa de una estrella en el cielo». La carta afirmaba que desde la salida imprevista de los tres líderes trinitarios todo estaba como lo habían dejado, pero que ahora las circunstancias favorecían la acción. La misiva también solicitaba el envío de un parque militar de al menos 500 fusiles con sus pertrechos a más tardar el 9 de diciembre, cargamento que debía de llegar a Guayacanes, una playa situada al este de la ciudad de Santo Domingo. Pina aprovechó a Freites para mandar una correspondencia a Duarte, la que fechó el 27 de noviembre, para ponerlo al tanto de las noticias que tenía de Santo Domingo. En esa comunicación se regocijaba de que Sánchez daba vida y movimiento al partido duartista (Pina se autodenominaba en esa carta como «un duartista»); le informaba de las actividades políticas en Santo Domingo que hablaban de la inacción de los afrancesados y le decía que en Santo Domingo «el partido reinante le espera a usted como general en jefe, para dar principio a ese grande y glorioso movimiento revolucionario, que ha de dar la felicidad al pueblo dominicano». Terminadas las noticias políticas le informó que su familia estaba desesperada «con las amenazas que sufre y con la enfermedad de don Juan». Pina desconocía que dos días antes había muerto el padre de Duarte.

El 15 de diciembre de 1843, sumando Duarte cuatro meses desde que llegó a Caracas y apenas dos semanas después de haber leído la carta de Vicente Celestino y Francisco del Rosario, partió hacia Curazao a reunirse con sus compañeros «sin esperanza, con la muerte en el corazón y sostenido sólo por su inquebrantable fe en la Providencia». Al llegar se enteró del fallecimiento de su padre, que había ocurrido el 25 de noviembre, casi un mes antes, lo que le trastornó bastante. El día en que Duarte salió de Caracas los diputados de la *partie de l'est* ante el Congreso haitiano, entre los que sobresalía Buenaventura Báez, presentaron a André Nicolás Levasseur, cónsul de Francia en Haití, una propuesta de protección de ese país para independizar la antigua colonia española, proyecto que fue conocido más tarde como Plan Levasseur. Los afrancesados, con el apoyo del Gobierno francés, habían determinado declarar la independencia dominicana el 25 de abril de 1844. Manuel María Valencia, uno de los propulsores de ese movimiento, comunicó la noticia a José Heredia, de Baní, a finales de noviembre de 1843, por cuya vía a los pocos días llegó a oídos de José María Serra. Esto fue suficiente para que los trinitarios aceleraran su propio proyecto y eligieran el 27 de febrero de 1844 para actuar.

El mes de enero de 1844 fue políticamente muy activo en Santo Domingo. En los primeros días se relevaron los batallones haitianos que resguardaban Santo Domingo y fueron sustituidos por los batallones 31 y 32 compuestos por muchos dominicanos. Estos dos batallones habían sido trasladados a Port-au-Prince por Rivière en el verano anterior y al retornar lo hicieron junto a los presos dominicanos que estaban allí, favoreciendo este cambio los planes separatistas. El 13 llegó a Santo Domingo Eustache de Juchereau de Saint Denys, cónsul de Francia en Santo Domingo, cuya participación en los acontecimientos que se desencadenaron con la proclamación de la independencia dominicana fueron de primer orden. El 16 de ese mes se dio a conocer la «Manifestación de los pueblos de la parte este», el documento en el que se declaraba la separación de Haití de la antigua colonia española, tenido como el acta de la independencia dominicana.

MANIFESTACION

de los Pueblos de la parte del Este de la Isla antes Española ó de Santo Domingo, sobre las causas de su separacion de la Republica Haytiana.

———— *888* ————

La atencion decente y el respeto que se debe á la opinion é todos los hombres y al de las naciones civilizadas; exige de cuando un Pueblo que ha sido unido á otro, quisiere reasumir sus derechos revindicarlos, y disolver sus lazos politicos, declare con franqueza y buena fé, las causas que le mueven su separacion, para que no se crea que es la ambicion, ó l espiritu de novedad que puede moverle. Nosotros creemos aber demostrado con una constancia heroica, que los ma- de un gobierno, deben sufrirse, mientras sean soportables, mas bien que hacerse justicia abriendole formas; pero cua-

Manifiesto del 16 de enero de 1844
[Emilio Rodríguez Demorizi, *El acta de separación...*,
Ciudad Trujillo, imprenta La Opinión, 1943, p. 31].

En Curazao, como antes en Venezuela, a Duarte le fue imposible reunir recursos para cumplir con la petición de Francisco del Rosario y de su hermano Vicente Celestino, requisito indispensable para encontrarse en Guayacanes. Cayó enfermo en cama con «fiebre cerebral» hasta el 4 de febrero sin poder realizar actividad de alguna especie. Ese día escribió una carta a su madre y hermanos que envió por correo informal de goletas que hacían la ruta Curazao-Santo Domingo, cuyo original se ha perdido, pero que Rosa Duarte reconstruye y da constancia en los *Apun-*

tes, pues según ella atestigua su contenido era público. En esa carta decía que el único medio para reunirse con su familia era independizando la patria y que para tal fin se necesitaban recursos. Les propuso que en mancomún acuerdo con el hermano mayor Vicente Celestino ofrecieran «en aras de la patria lo que a costa del amor y trabajo de nuestros padres hemos heredado». Lo más impresionante en esta correspondencia es que Duarte no se vislumbraba manejando el poder cuando se produjera el triunfo. Le dice a la familia que «independizada la patria, puedo hacerme cargo del almacén; y a más, heredero del ilimitado crédito de nuestro padre, y de sus conocimientos en el ramo de la marina, nuestros negocios mejorarán y no tendremos por qué arrepentirnos de habernos mostrado dignos hijos de la patria». Los acontecimientos que se precipitaron en Santo Domingo hicieron innecesario el sacrificio que Duarte le pedía a su familia, pero lo más importante de todo esto fue que la decisión se había tomado favoreciendo su solicitud. El 28 de febrero (al día siguiente de haberse producido en Santo Domingo la independencia dominicana, de la cual Duarte en ese momento no estaba enterado) recibió una carta de su madre y hermanos escrita varios días antes en la que comunicaban que iban a contratar una embarcación para mandar a buscarlo.

EL 27 DE FEBRERO DE 1844

La noche del 27 de febrero de 1844 se proclamó la independencia dominicana en la Puerta del Conde con la participación de unas 200 personas, cantidad inferior a la sumatoria de los que fueron llamados a realizar tan magno evento. En esa acción patriótica, aunque el líder era Francisco del Rosario Sánchez (quien no estaba presente, pues llegó tarde a la cita, pasada la medianoche), los que asistieron, después de pronunciar los nombres de Dios, Patria y Libertad, lanzaron un ¡Viva Juan Pablo Duarte! Muchos de los que participaron coinciden en señalar que, aunque ausente, Duarte fue la figura aglutinante del grupo. La madrugada del 28, como símbolo de la naciente república, se colocó a la bandera haitiana que ondeaba en la Puerta del Conde, dos lienzos blancos en forma de una cruz blanca, la que formó cuatro cuarteles: dos azules arriba y dos rojos abajo.

Al otro día de anunciarse la independencia dominicana la noticia corrió como reguero de pólvora por la ciudad. Sus habitantes se aglomeraron muy temprano en los alrededores de la Puerta del Conde a la espera de noticias de las negociaciones de una comisión que fue a parlamentar con los militares haitianos que estaban pertrechados en la Fortaleza Ozama, el único reducto que controlaban en la ciudad. Al final del día se acordó

Puerta del Conde

una capitulación que fue mediada por el cónsul de Francia en Santo Domingo Saint-Denys, quien además fue uno de los signatarios de ese documento. La capitulación especificaba que el general Desgrotte entregaría la Plaza a los dominicanos sin prestar resistencia, hecho que se materializó el siguiente día 29. Fue entonces, a las ocho de la mañana, en La Fuerza, como se le llamaba a la Fortaleza Ozama, ya libre la República

Dominicana de la dominación haitiana, cuando se enarboló oficialmente la bandera dominicana, la que tenía como referencia la usada en la Puerta del Conde la madrugada del día anterior, esto es, el 28. A partir de ese momento una junta revolucionaria, presidida por Sánchez, tomó las riendas del nuevo Estado y de inmediato despachó emisarios a los pueblos del interior a dar la noticia y recaudar adhesión, lo que se produjo en cadena en los días siguientes.

El 1 de marzo, tres días después de proclamada la independencia, se procedió a formar una Junta Central Gubernativa de acuerdo con lo establecido en el manifiesto del 16 de enero. Rápidamente la dirección del nuevo Estado se escapó de las manos de Francisco del Rosario Sánchez para pasar a las de Tomás Bobadilla. Varios fac-

Tomás Bobadilla

La representación del oportunismo en la política dominicana. Sus habilidades llegaron a opacar la grandeza de los trinitarios en los momentos decisivos de la fundación de la patria. Su mejor tiempo en política lo empleó elevando y, luego, denostando, a Santana. Sin mayores oportunidades para reciclarse políticamente terminó su existencia en Haití, al igual que Manuel Jimenes, sin guardar gloria para el final. [Fototeca del Archivo General de la Nación].

Lugar donde se presume se confeccionó la primera bandera dominicana

Bohío localizado frente a la Puerta del Conde. Esta fotografía fue publicada en la revista *Blanco y Negro* (núm. 36, 1909) con el siguiente pie: «Bohío donde fue construida la primera bandera dominicana». La autentificación del dato está en Vetilio Alfau Durán, *Escritos y apuntes históricos*, pp. 279-283.

tores influyeron para que se produjera este cambio: Bobadilla fue el autor intelectual y redactor del manifiesto que se invocó para formar la Junta; este estuvo presente en la Puerta del Conde la noche del 27 de febrero cuando Sánchez no asistió, al menos en las decisivas primeras horas; este último, en la madrugada, eufórico con los acontecimientos y por impericia, pasó la dirección de la Junta a Bobadilla, a quien se consideraba un político de más aplomo (fue electo en ausencia, pues estaba en Montegrande apaciguando a los ex esclavos que no creían en ese cambio ya que habían sido sonsacados por Desgrotte con el fantasma de la reposición de la esclavitud. Bobadilla retornó con ellos, ya incorporados a la naciente república); y, por último, esa elección iba más a gusto con el cónsul francés quien desde temprano en la mañana del 28 de febrero estuvo al frente de las negociaciones.

Al pasar Tomás Bobadilla a presidir la Junta, no por aclamación popular como él afirmó sino por el cúmulo de su experiencia política, se dio un giro imprevisto al movimiento revolucionario que se había iniciado alrededor de las ideas de independencia de Juan Pablo Duarte. En muy poco tiempo el protagonismo de Tomás Bobadilla en la Junta dio inicio a las pugnas entre los dominicanos patriotas y los llamados afrancesados. Todo esto culminó en la derrota de los primeros y, en particular, de los ideales de independencia pura que sustentaban Duarte y sus más cercanos colaboradores.

El 2 de marzo zarpó del puerto de Santo Domingo la goleta La Leonor con destino a Curazao a recoger a Duarte, Pérez y Pina. Navegó con vientos desfavorables y fue el día 6 cuando llegó a la ciudad de Willemstad, en Curazao. Al ver los tres exiliados que una goleta portando la bandera dominicana entraba al muelle de la ciudad tomaron un bote y se trasladaron a la misma, donde recibieron la buena nueva de parte de Juan Nepomuceno Ravelo de que la patria había sido liberada. Sin pérdida de tiempo iniciaron el viaje de retorno.

Juan Pablo Duarte, Pedro Alejandrino Pina, Juan Isidro Pérez y la comitiva que los fue a buscar llegaron al puerto de Santo Domingo la noche del 14 de marzo de 1844 terminando para

Goleta La Leonor sale en búsqueda de Duarte

Juan Nepomuceno Ravelo fue enviado a Curazao a buscar a Duarte, Pina y Pérez en los primeros días de marzo de 1844. [Dibujo de Gonzalo Briones para Pedro Troncoso Sánchez, *Episodios Duartianos*].

los tres primeros un exilio que les había alejado del país por siete meses y medio. El 15 de marzo se produjo el desembarco y a seguidas la apoteosis con que fueron recibidos. Del puerto pasaron a la Plaza de Armas, al lado de la catedral, que estaba adornada con banderas dominicanas, algo novedoso para la ciudad (y para el país), donde los recién llegados se confundieron con el pueblo que los vitoreaban. De ahí pasó Duarte al Palacio de Gobierno a donde fue a ofrecer sus servicios a la Junta, la que le nombró de inmediato comandante del departamento de Santo Domingo con el rango de general de brigada y lo incorporó como miembro activo de la misma. Terminado el acto del Palacio Duarte se dirigió a su casa seguido del pueblo y el ejército, acompañado además de una banda de música que hacía festiva la ocasión, caminando entre algarabías, vítores y salutaciones tanto de capitaleños como de campesinos de la zona quienes al saber la noticia de su arribo se trasladaron a la capital. La llegada de Duarte a su casa no pudo ser más emotiva. Su madre y familiares lo recibieron anegados en lágrimas

---

El 15 de marzo de 1844 Juan Pablo Duarte y sus compañeros fueron recibidos con apoteosis en el muelle de Santo Domingo. Allí estuvo en la línea de recibimiento el cura Portes e Infante. [Dibujo de Gonzalo Briones para Pedro Troncoso Sánchez, *Episodios Duartianos*].

«lamentándose su madre de que su padre no presenciara la llegada del más querido de sus hijos», como escribió Rosa Duarte en los *Apuntes*.

Apenas había retornado Duarte cuando enfrentó a los afrancesados anidados en la Junta Central Gubernativa quienes el 8 de marzo, una semana antes de su llegada, habían alzado como estandarte de lucha el Plan Levasserur que no era otra cosa más que recabar el apoyo de Francia a través de un protectorado para obtener los recursos necesarios para combatir a Haití, cediendo en compensación la bahía de Samaná. Duarte luchó con ahínco en el seno de la Junta, de la que formaba parte, para derrotar esa opción y redobló su prédica nacionalista en el seno del pueblo.

Guerra domínico-haitiana: marzo-abril 1844

Poco antes de que Duarte retornara a Santo Domingo desde su exilio en Venezuela y Curazao el Congreso haitiano autorizó, el 4 de marzo de 1844, el envío de un contingente militar que restableciera el orden en *la partie de l'est*. Para cumplir este cometido el 10 de marzo salió de Port-au-Prince Rivière, quien ya era presidente de Haití, al frente de un ejército que incluía «a todos los hombres capaces de portar un mosquete» sumando unos 25,000 (el doble de los habitantes de la capital). Cuando se tuvo noticias de que las tropas haitianas venían con la intención de pelear se iniciaron los primeros aprestos militares de los dominicanos para presentar resistencia. La defensa la hizo descansar Tomás Bobadilla, presidente de la Junta Central Gubernativa, en la figura de Pedro Santana, un hatero de la región este con fama de anti haitiano y sin experiencia alguna en el arte de la guerra, quien había pronunciado a sus hombres en El Seibo a favor de la independencia, pero que nunca había pertenecido a la sociedad la Trinitaria o a cualquier otra organización con ideas de separación o independencia. Santana y su improvisado ejército recibieron la orden de presentarse de inmediato al escenario bélico a bautizar con sangre la independencia dominicana. Cumpliendo con el llamado, Santana atravesó la Puerta del Conde en marcha forzada hacia la frontera a encontrarse con el enemigo. Siguió la ruta de San Cristóbal y Baní al frente de un ejército que, al decir del historiador Rufino Martínez, «era una mesnada pintoresca por la diversidad de armas poco adecuadas para una formal lucha guerrera, y por la vestimenta, la ropa de uso diario, llevando muchos de ellos atado a la cabeza el pañuelo que en el monte suple al som-

Pedro Santana

Nació en Hincha, poblado que a poco tiempo de ese hecho pasó a formar parte de Saint Domingue por voluntad de Toussaint Louverture. Su familia se mudó al extremo de la isla, bien lejos de sus orígenes. Fue la espada en la que descansó la independencia y, luego, la voluntad que negó la nación. En sus andanzas a favor y en contra de la patria terminó con saldo negativo. No llegó a ser el héroe que las circunstancias demandaban y sí la representación de la intriga política, mala prática que nos legó hasta hoy día. Sus proezas militares no están a la altura señalada por sus alabarderos. [Fototeca del Archivo General de la Nación].

brero». En el camino se les unieron varios voluntarios en la tarea de defender la honra de la recién proclamada república, sumando un total aproximado de 1,500 hombres bajo su mando. Desde ese mismo momento un nuevo líder se empezaba a formar trayendo como consecuencia a corto plazo el declive de la estrella política de Duarte. No tardaría mucho tiempo para que la truchimanería representada en el binomio Bobadilla-Santana se impusiera a los ideales patrios que, en ese momento, debía inspirar a la naciente república.

Batalla de Azua

Al amanecer del 19 de marzo las tropas haitianas estacionadas en Azua, mejor armadas y más numerosas que las dominicanas, iniciaron el ataque. El improvisado ejército dominicano guiado por la intrepidez de Santana detuvo el avance del ejército invasor que inició la retirada por órdenes del propio presidente haitiano, Rivière, quien estaba al frente de las tropas, dejando sobre el campo de batalla su honra maltrecha así como parte de su parque militar y una gran cantidad de muertos, entre los que se encontraban dos generales, tres coroneles además de un número importante de oficiales y soldados entre muertos y heridos. En su huida fueron asediados por fusileros, lanceros y macheteros dominicanos hasta que se atrincheraron en el bosque después del paso del río Jura. El heroico ejército haitiano, que venía precedido de la fama de haber derrotado a los ejércitos británico y francés, este último con toda la fama de Napoleón Bonaparte, no se comportó a su altura en el primer enfrentamiento con las improvisadas tropas dominicanas. Se sabía que muchos de los soldados haitianos eran campesinos enganchados como militares, reclutados a fuerza de amenazas y por el incentivo del pillaje, pero no se tenía idea clara de lo mal organizado que estaban. Esta primera actuación dejó mucho que desear y las siguientes no fueron mejores.

Inexplicablemente la noche del 19 de marzo después de haber obtenido una aplastante victo-

Charles Hérard (Rivière)

Presidente de Haití el 31 de diciembre de 1843 tras el triunfo de la Reforma. Enfrentó personalmente, apoyado por un ejército de 25 mil soldados, la proclamación de la independencia de la República Dominicana. La empresa fue un fracaso militar y por su mal desempeño no volvió a ejercer la presidencia de su país, que pasó a manos de Philippe Guerrier. El 2 de junio de 1844 marchó al exilio a Jamaica, donde murió el 31 de agosto de 1850. [Edward William Clay, litografía, 1843. The Ohio State University, Billy Ireland Cartoon Library & Museum, ID number CGA. PUR, 2008.02].

ria Pedro Santana ordenó una retirada «desordenada y con carácter de fuga dejando a las avanzadas dominicanas y a las familias de los contornos abandonadas y sin aviso». Se retiró hacia Sabana Buey, y luego a Baní, donde estableció su cuartel general, decisión que fue cuestionada incluso por el cónsul francés, quien estaba de su parte. El retiro de las tropas dominicanas a Baní fue una confusa decisión que «llenó al país de consternación». Esta acción produjo pánico en la población dominicana del sur que corrió a esconderse detrás de las murallas de la capital mientras algunos de los habitantes de esta ciudad se embarcaron precipitadamente a distintos lugares en las vecinas Antillas. Esta retirada dio pie a que el enemigo, al enterarse de la misma, retomara la ciudad de Azua el día 21 procediendo a enterrar a los muertos, recuperar armamentos y prepararse para contraatacar. Santana, como dictaba la norma militar, no envió el parte oficial de guerra correspondiente al enfrentamiento en Azua en el cual tenía que haber explicado su conducta, cosa que no hizo en ningún momento.

Duarte al frente de batalla
El 21 de marzo de 1844 la Junta dispuso que Duarte prestara sus servicios al frente de un

Duarte sale en campaña

El 22 de marzo de 1844 Juan Pablo Duarte salió con tropas para asistir a Pedro Santana en el frente del sur. [Dibujo de Gonzalo Briones para Pedro Troncoso Sánchez, *Episodios Duartianos*].

cuerpo del ejército que marchara a reforzar las tropas dominicanas estacionadas en Baní. Al día siguiente de su designación Duarte se dirigió a cumplir la misión encomendada con milicias del Ozama, Monte Plata y voluntarios de la capital. Acampó con su tropa en la cercanía de Baní y al otro día se presentó a parlamentar con Santana, quien estaba acantonado en los alrededores. Era la primera vez que Duarte y Santana se veían cara a cara. Apoyado en las órdenes que llevaba emanadas por la Junta invitó a Santana a que prepararan un plan de ataque conjunto, propuesta que este último no recibió a bien y vio con desdén desde el mismo momento en que le fue formulada. El 1 de abril, «no siéndole posible permanecer en ese estado de inacción que lo deshonraba» —según escribió Duarte en los *Apuntes*—, se dirigió al campamento de Santana proponiéndole otro plan de ataque. Este respondió que consultaría con los oficiales de su Estado Mayor por lo que Duarte retornó a su campamento sin decisión tomada. Al dar la información la tropa bajo su mando le reclamó que atacaran aun fueran ellos solos.

Pedro Santana, «receloso por naturaleza y hombre de ideas cortas y temperamento irascible», se negó terminantemente a colaborar con Duarte. Al no llegar a ningún acuerdo para operaciones conjuntas, Duarte, «poseído de un impaciente entusiasmo bélico», se comunicó tres veces con la Junta Central Gubernativa en busca de apoyo para actuar de manera independiente. La última vez que lo hizo pidió autonomía para sus ejecuciones alegando que «hace ocho días que llegamos a Baní, y en vano he solicitado del general Santana que formemos un plan de campaña para atacar al enemigo. La división que está bajo mi mando sólo espera mis órde-

**Cuenta de los gastos hechos en la expedición
a Baní con las tropas que fueron bajo mis órdenes**

Por gastos hechos en el camino: 1.00; Por raciones para el Estado Mayor y agregados a él desde su salida de Santo Domingo y su vuelta, 14 hombres sin contarme yo: 39.12; para papel blanco: 1.00; para 8 militares y bastimiento: 1.00; al sargento Capriles, una ración atrasada: 50.00; para maíz: 2.00; al batallón Castillo por su buen comportamiento con los habitantes sin estar racionado, gratificación: 10.00; al comandante Rafael que estaba enfermo, para alimentos: 1.50; para la tropa, plátanos y raciones: 2.00; plátanos para racionar la tropa: 6.00; por un novillo para racionar la tropa: 20.00; 1 quintal de azúcar para la tropa: 4.00; por 4 platos de hoja-lata para la tropa: 4.00; por 2 cueros para las cajas de la tropa: 3.88; al capitán Martín Girón, enfermo: 16.00; al señor Ramírez, miembro de la Central: 10.00. Total: 173.00. Entregados a la Junta: 827.00. Total que recibí de la Junta: 1,000.00.
Santo Domingo, 12 de abril de 1844.
Juan Pablo Duarte

nes, como yo espero las vuestras, para marchar sobre el enemigo seguro de obtener un triunfo completo, pues se halla diezmado por el hambre y la deserción». Cuatro días después, esto es, el 5 de abril, la Junta ordenó a Duarte retornar a Santo Domingo, lo que hizo, y el 12 rindió al tesorero nacional escrupulosa cuenta del dinero que utilizó en campaña, devolviendo la parte no gastada.

Duarte lucha por sus ideales: mayo-agosto 1844

El mes de mayo de 1844 estuvo repleto de actividades políticas que fueron fundamentales para Juan Pablo Duarte, quien todavía ostentaba el cargo de comandante del departamento de Santo Domingo y miembro de la Junta Central Gubernativa. El 9 le escribió a la Junta expresando su deseo de pasar a Santiago para incorporarse al terreno de la guerra a prestar sus servicios en una expedición del ejército que por Constanza iría a caer sobre el enemigo en el valle de San Juan. Cinco días después Duarte recibió respuesta en la que se agradecía su determinación de participar en la lucha armada, misión que la Junta encomendó a Ramón Matías Mella y, en cambio, se le pidió que permaneciera en su puesto en Santo Domingo con el alegato de que «sus servicios en este departamento eran más útiles».

A fines de ese activo mes de mayo, precisamente el día 26, se produjo un enfrentamiento entre Bobadilla y Duarte cuando el primero, auxiliado por el jefe de la Iglesia católica Tomás de Portes e Infante, convocó a una reunión de autoridades, empleados y comerciantes para explicar la necesidad que se tenía de aceptar el protectorado de Francia. La posición de Duarte en contra de ese protectorado fue radical y el 28 de mayo, al imponerse las ideas de sus oponentes en el seno de la Junta, renunció de ese organismo colegiado así como del puesto de comandante del distrito de Santo Domingo pues quería estar libre para así poder enfrentar abiertamente a Bobadilla.

Tomás de Portes e Infante

Vicario general y jefe de la Iglesia católica al momento de producirse la independencia dominicana. En el 1848 fue consagrado como obispo. Su intromisión en la vida política, tal cual lo venía haciendo, le salió muy cara. Durante la primera administración de Buenaventura Báez (1849-1853) su connivencia con el presidente (como también lo hizo la mayoría de los clérigos) no le será perdonada por Pedro Santana, quien se sintió traicionado. Una vez vuelto Santana al poder, en el 1853, ajustó cuentas con el arzobispo: De manera compulsiva le hizo jurar fidelidad so pena de expulsión, lo que aceptó a regañadientes. [Fototeca del Archivo General de la Nación].

Asonada militar del 9 de junio

El pugilato en la Junta Central Gubernativa entre los conservadores afrancesados y los independentistas puros trajo como consecuencia una asonada militar el 9 de junio que terminó con la destitución de los afrancesados de ese organismo de Gobierno. Con el auxilio del general José Joaquín Puello, comandante de armas de la ciudad, Duarte y sus seguidores tomaron control de la Fortaleza Ozama donde se encontraban algunas tropas acuarteladas y luego se dirigieron a la cabeza de otros veinte oficiales al Palacio de Gobierno, sede de la Junta, y allí, a nombre del ejército y del pueblo, tomaron control de la misma.

Duarte en el Cibao

Una de las primeras medidas de la nueva Junta se produjo el 15 de junio cuando nombró a Duarte como su representante en los departamentos del norte para que buscara una solución a la crisis política que desde hacía algunas semanas mantenía en zozobra a toda la región del Cibao. Duarte se trasladó a cumplir su misión el 30 de junio, siendo recibido cálidamente por el pueblo. Durante la presentación de armas en Santiago Ramón Matías Mella encomió a Duarte frente a los militares sugiriendo que lo tuvieran presente como presidente de la República.

Contragolpe de Santana

Mientras los hechos antes mencionados sucedían en el Cibao otros acontecimientos de vital importancia para la naciente república se desarrollaban en la ciudad de Santo Domingo y en la región sur. Pedro Santana tenía tres meses en campaña militar en esa zona cuando pidió permiso a la Junta Central Gubernativa para retirarse por algunos días a Santo Domingo a restablecer la salud y ponerse al frente de los negocios de su difunto hermano Ramón. Para dar curso a esa licencia el presidente de ese organismo colegiado, Francisco del Rosario Sánchez, fue nombrado jefe del ejército en el sur en reemplazo del general Santana, situación que daría un balance muy favorable a los seguidores de Duarte, tomando en cuenta que el ejército del norte estaba al mando de su amigo Ramón Matías Mella.

Duarte proclamado presidente en Santiago

El general Ramón Matías Mella propone a Juan Pablo Duarte como presidente de la República ante las tropas y el pueblo en la ciudad de Santiago. [Dibujo de Juan José Alloza en el libro de Emilio Rodríguez Demorizi, *Juan Isidro Pérez, el ilustre loco*, segunda edición: Ciudad Trujillo, Editora Montalvo, 1944].

Sin ninguna explicación previa el 23 de junio la Junta decidió enviar al coronel Esteban Roca a sustituir a Santana y mantener a Sánchez en Santo Domingo. Al presentarse Roca en Azua, el 3 de julio, ocurrió un hecho inesperado cuando la tropa no aceptó al enviado como su jefe, restándole validez al nombramiento que portaba firmado por la Junta. Con esta acción se produjo el primer acto de insubordinación del ejército dominicano a una autoridad legalmente constituida al alegar los soldados que su único jefe era Santana. Esta actitud era un claro indicio de que el verdadero Gobierno residía en el ejército y que Santana tenía control absoluto sobre el mismo. Detrás de toda esta protesta estaba la ambición de Santana de alzarse con el poder. Envalentonado con el respaldo de su tropa, la que se le había confiado para combatir a los haitianos, Santana se puso al frente de la misma y se dirigió hacia la ciudad de Santo Domingo con la aviesa intención de desconocer la autoridad de la nueva Junta.

Contrapunteo entre el Cibao y Santo Domingo

Llevando el contrapunteo de los acontecimientos que se generaban tanto en el sur como en el norte, debemos regresar a Santiago, a 8 de junio, cuando Duarte salió de esa ciudad hacia Puerto Plata. Llegó a su destino el 10 y fue recibido con repiques de campanas y salvas de artillería. Al otro día el cura Manuel González Regalado ofreció un tedeum en el que Duarte estuvo acompañado de las autoridades locales. Después del oficio religioso los concurrentes se trasladaron al local del ayuntamiento donde el comandante de la Plaza, general Antonio López Villanueva, entregó a Duarte el acta de pronunciamiento de la ciudad en la que se favorecía su candidatura presidencial. Estando de regreso en Santiago, el 20 de julio, y en desconocimiento del desarrollo de los acontecimientos en Santo Domingo que les eran adversos, Duarte aceptó la postulación presidencial en una carta, cuyo membrete rezaba «Delegación de la Junta Central Gubernativa en el Cibao», un buen recordatorio de que su misión como representante de un Gobierno establecido impedía aceptar esa propuesta.

En Santo Domingo Santana reunió a su tropa (y algunos seguidores) en la Plaza de Armas, frente a la catedral, para informarles que deseaba dejar el mando. «Miles de voces gritaron en seguida: ¡Abajo la Junta!, y de inmediato lo proclamaron Jefe Supremo de la República investido de poder dictatorial hasta la elección y la constitución del

Gobierno definitivo del país». Más tarde Santana hizo correr la versión de que en ese momento había tomado las riendas del poder por aclamación popular. Santana, acompañado de su Estado Mayor, se presentó al Palacio de Gobierno (sede de la Junta), tomando el edificio por asalto. Dice Rosa Duarte en los *Apuntes* que la ciudad estaba aterrada y todo era confusión y espanto, agregando: «El pueblo temblaba bajo el imperio del sable». Dueño de la situación Santana procedió a reorganizar la Junta destituyendo a los que fueron nombrados el 9 de junio y reponiendo a los que habían sido expulsados.

Una proclama del general Santana del 28 de julio incluye un listado de razones para la destitución de Duarte como delegado de la Junta en el Cibao y expone su parecer para desconocer su nombramiento como presidente de la República. En una parte del manifiesto llama a Duarte «anarquista», «supuesto libertador», y le

---

Asalto a la Junta Central Gubernativa

Juan Isidro Pérez, en un arrebato de locura, espada en mano, desafió a la soldadesca que respaldaba a Santana en el asalto a la Junta Central Gubernativa. Salvó su vida por la oportuna intervención de Felipe Alfau y el cónsul francés Saint Denys. En el dibujo de Juan José Alloza se destacan, además de Santana, Buenaventura Báez, Manuel Jimenes y Francisco del Rosario Sánchez, todos involucrados en la asonada. Imagen en el libro de Emilio Rodríguez Demorizi, *Juan Isidro Pérez, el ilustre loco*. [Dibujo de Juan José Alloza en el libro de Emilio Rodríguez Demorizi, *Juan Isidro Pérez, el ilustre loco*, segunda edición: Ciudad Trujillo, Editora Montalvo, 1944].

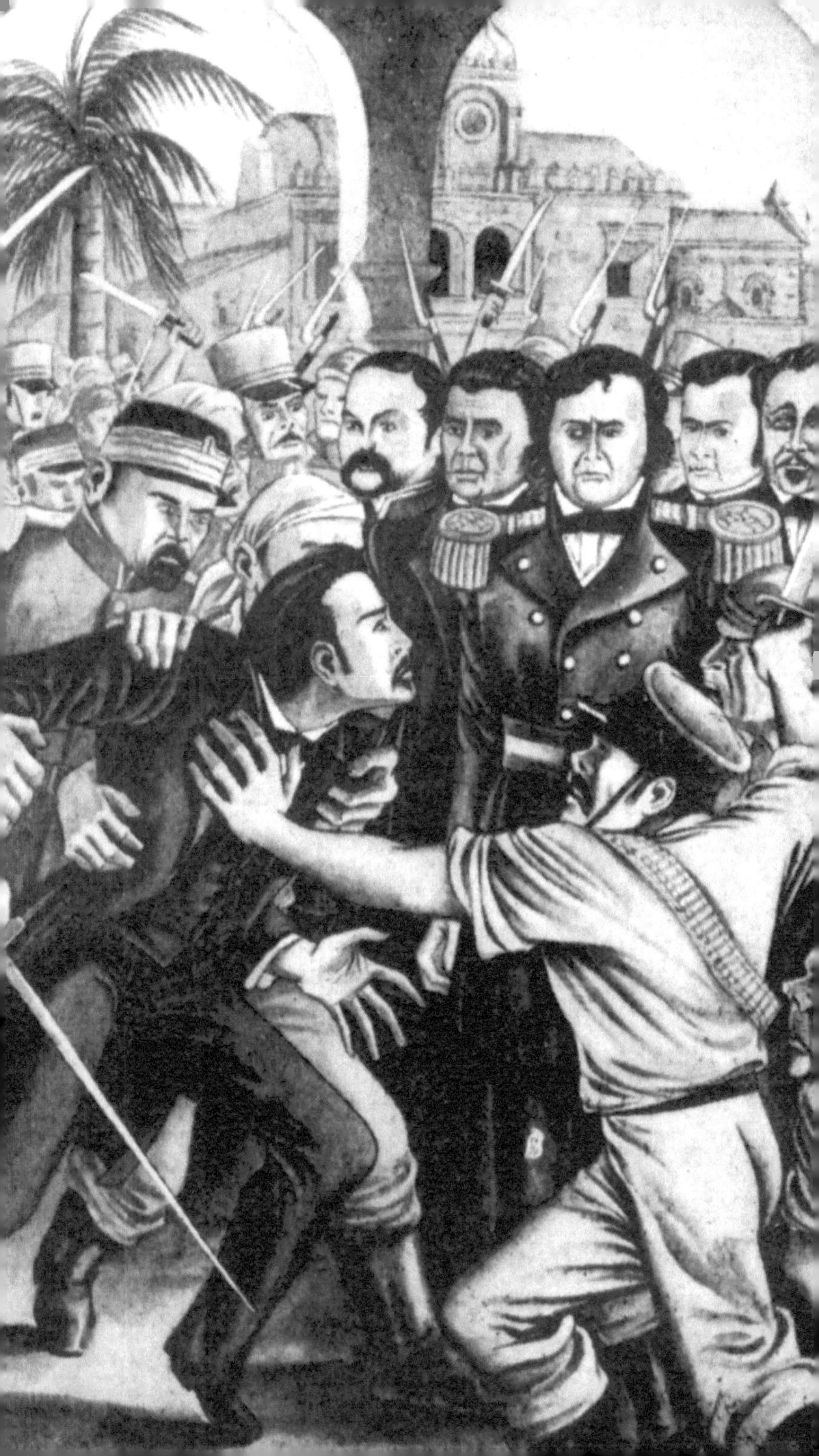

saca en cara que no estuvo presente en la Puerta del Conde la noche del 27 de febrero; que al venir del exilio no trajo armas para defender la patria y que no se ganó su charretera de general en las batallas del 19 y 30 de marzo. El historiador Emilio Rodríguez Demorizi afirma que este manifiesto, escrito por Bobadilla, pretende desacreditar los méritos de Duarte «a fuerza de injurias, de inexactitudes y calumnias».

Cuando se conoció en el Cibao la noticia de que la Junta controlada por los febreristas fue barrida por Santana, cundió la alarma. A partir de ese momento las cosas empezaron a complicarse seriamente para los trinitarios, pero particularmente para Duarte. El 1 de agosto de 1844 el Ejército Libertador del Sur en un documento firmado por 628 oficiales superiores acusó a los febreristas, a cuya cabeza figuraba el general Juan Pablo Duarte, de incitar a la división y a la guerra civil bajo la calumnia de que el país había sido enajenado a una potencia extranjera para establecer la esclavitud y por promover la idea de sustituir el pabellón dominicano por el de Colombia. Por esos hechos reclamaban que se castigase a los autores y cómplices de la sedición contra la república. En base a los argumentos anteriores pedían a su jefe el general Santana «justicia contra los asesinos de la patria, contra el puñado de facciosos, que deseando saciar su ambición, conspiraban contra la patria, tratando de destruir el Ejército y su valiente jefe». Dos días después circuló en la ciudad de Santo Domingo una solicitud firmada por un grupo de 68 ciudadanos «notables» peticionando la pena de muerte contra los desafectos al nuevo orden de cosas.

Para mediados de agosto de 1844 ya Duarte era un reo de Santana. El 22 lo declaró traidor a la patria disponiendo su destierro a perpetuidad junto a otros de sus compañeros. La resolución de la Junta que reguló esta disposición concluyó que estos «han sido traidores e infieles a la patria y como tales indignos de los empleos y cargos que ejercían, de los que quedan depuestos y destituidos desde este día; ordena que todos ellos sean inmediatamente desterrados y extrañados a perpetuidad del país, sin que puedan volver a poner el pie en él, bajo la pena de muerte, que será ejecutada en la persona del que lo hiciere». Esta resolución fue leída en la Plaza de Armas de Santo Domingo seguida de una vociferación de la soldadesca. El ambiente caldeado se completó con varios ¡vivas! a Santana y la petición de la cabeza de Duarte. El día 26 se procedió a expatriar a los trinitarios que estaban presos en la capital.

Prisión y destierro de Duarte

El general Antonio López Villanueva quien, en el mes anterior, en Puerto Plata, había solicitado a Duarte que fuera presidente y que ahora se había convertido en su adversario al servicio de Santana, tenía la encomienda de encarcelarlo. Para entonces «Duarte estaba errante en los bosques de Cabarete, cantón de Puerto Plata, perseguido por un destacamento de guardias». Al conocerse su paradero fue hecho preso de inmediato y en la tarde del 27 de agosto de 1844 caminó aherrojado por las calles de la ciudad de Puerto Plata en ruta hacia la Fortaleza San Felipe, custodiado por sus carceleros.

Duarte camino al exilio

Derrotado políticamente por Pedro Santana, Duarte fue encerrado en la Fortaleza Ozama y, desde ahí, llevado al muelle para expatriarlo «de por vida», acusado de traición a la patria. [Dibujo de Juan José Alloza en el libro de Emilio Rodríguez Demorizi, *Juan Isidro Pérez, el ilustre loco*, segunda edición: Ciudad Trujillo, Editora Montalvo, 1944].

En la madrugada del 2 de septiembre Duarte llegó preso a Santo Domingo conducido en una goleta de guerra que por ironía se llamaba *Separación Dominicana*. Desembarcó en tan malas condiciones de salud que Rosa Duarte hace constar en los borradores de los *Apuntes* que lo hizo muy enfermo. El 10 de septiembre después de ocho días en prisión en la Fortaleza Ozama recibió la noticia de su deportación. Fue sacado de su celda ese mismo día y llevado al muelle por numerosa tropa. Iba enfermo de calenturas que había traído de Puerto Plata y para poder caminar se apoyaba en los hombros de su hermano Vicente Celestino, quien también marchaba al exilio. Previo al abordaje fueron separados y a Duarte se le embarcó hacia Hamburgo, Alemania. Minutos antes, cuando atormentado por los improperios de sus custodias caminó desde la Fortaleza Ozama hasta el muelle, atravesando como reo la barriada donde vivió sus años más felices de los 31 que entonces tenía, fue la última vez que lo hizo en la ciudad que vio mecer su cuna. Volvió veinte años más tarde, pero solo a la región del Cibao, con la intención de prestar sus servicios para restaurar la independencia dominicana después de que el país fue anexado a España, oferta que fue rechazada, ausentándose a los pocos días para no volver jamás, a pesar de que todavía tenía reservado doce años más de vida.